AF461293

INVENTAIRE
V 30577

DES FORTIFICATIONS
ET
DES RELATIONS
GÉNÉRALES
DE LA GUERRE DE SIEGE,

Pour servir de Réponse au dernier Ouvrage de Marc-Réné MONTALEMBERT; (d'arçon)

PAR le citoyen MICHAUD, Inspecteur des Fortifications.

3057

A PARIS,

Chez MAGIMEL, Libraire pour l'art militaire, les sciences et arts, quai des Augustins, près le Pont-Neuf.

L'AN 2eme. DE LA RÉPUBLIQUE FRANÇAISE UNE ET INDIVISIBLE.

DES FORTIFICATIONS
ET
DES RELATIONS
GÉNÉRALES
DE LA GUERRE DE SIEGE.

L'AUTEUR de la *Fortification perpendiculaire* rentre dans la lice, et sans doute il se présente avec de nouvelles forces; il s'annonce, en effet, sous des formes plus imposantes : il n'aspire pas moins qu'à l'invulnérabilité absolue.

Comme il s'agit d'un art conservateur, dont les ressources combinées avec l'énergie nationale doivent concourir au but d'anéantir les efforts des dévastateurs qui menacent nos frontieres, les circonstances présentes nous ordonnent d'en approfondir tous les moyens.

Les temps de l'amour-propre sont passés; l'esprit des corps est abattu; les préjugés sont vaincus; toutes les traces du charlatanisme vont être effacées, et l'amour de la patrie va se renforcer de toutes les passions personnelles qu'il réprouve et qu'il absorbe.

On jugera peut-être que ces renoncemens généreux n'ont point encore pénétré dans l'ame retardée de Marc Montalembert; il se montre tout à ce qui l'intéresse ; il ne voit que ses systêmes ; il est aigri à l'excès de l'inutilité des efforts qu'il a employés pour les faire adopter aveuglément.

De leur côté, les ingénieurs ont paru ne vouloir les admettre qu'avec connoissance de cause ; plusieurs cependant lui ont donné des signes publics d'approbation ; ils ont même adopté quelques-unes de ses vues. Cela ne lui suffit pas. Il veut régner tyranniquement sur toute l'Europe fortifiante, non par la force de ses dispositions, mais uniquement par la dépression des artistes ; et, pour y parvenir plus sûrement, il ne manque jamais d'imputer des erreurs particulieres, vraies ou supposées, à la totalité des individus qui composent le corps du génie.

Eh bien ! il se peut que l'auteur soit excusable ; il paroît même que l'immensité de ses ouvrages, les dépenses qu'ils peuvent lui avoir occasionnées, son ardeur enfin, n'eût-elle été qu'une manie, étoient autant de motifs qui sembloient devoir lui mériter des égards ; que si lui-même en manqua, et s'il ne fut qu'un détracteur, nous ne devons pas oublier que de pareils moyens ne sont pas propres à accréditer des systêmes dont il nous suffit de démontrer l'inconvenance, relativement aux intérêts de la république.

Les officiers du génie reconnoîtront d'ailleurs que leur art n'est point à sa perfection ; qu'entraînés par l'autorité du génie de Vauban, ils ont cherché peut-être trop servilement à l'imiter, ou qu'ils n'ont pas toujours heureusement appliqué ses principes ;

que ce grand citoyen, après tout, n'étoit qu'un homme à qui, sans doute, il n'étoit pas réservé de poser des bornes aux progrès indéfinis de la perfectibilité.

Il se pourroit aussi que nous n'eussions pas assez profité de l'exemple que Vauban nous donna lui-même, en perfectionnant ses dispositions défensives ; il avoit reconnu des parties foibles dans les premiers tracés du bastionnement simple, même après qu'il l'eut rectifié. Pourquoi des autorités postérieures nous feroient-elles négliger des redressemens de main de maître, et, en général, pourquoi des autorités ?

Nous avouerons encore que quelques anciens ingénieurs ont été plus que froids sur les très grands avantages des bonnes cazemates ; ils ont eu le tort de supposer que l'inconvénient de la fumée étoit très difficile à remédier. Mais, avec la même franchise, nous dirons que nous n'avons pas repoussé assez fortement celles que nous a proposé Montalembert. Pour prévenir tout équivoque à cet égard, je m'explique d'une maniere simple sur ce qu'il faut entendre par bonnes ou mauvaises cazemates. Les bonnes sont celles qui, réservant des feux entiers, et procurant des abris sûrs et sains, peuvent être complettement dérobées aux effets de l'artillerie attaquante ; elles sont bien connues, mais point assez employées. Les mauvaises sont celles qui se présentent d'entrée de jeu à une destruction inévitable ; et l'on jugera bientôt que celles-ci appartiennent exclusivement à Marc Montalembert ; c'est lui qui en est l'inventeur. Cette question, au surplus, ne sera qu'accessoire; nous aurons à nous étendre sur des considérations plus importantes.

Il est possible que cette discussion nous conduise à des rapprochemens dont il peut sortir des mesures d'utilité; cependant, comme l'auteur des Nouveaux Systêmes proscrit également et indistinctement tous les tracés bastionnés, et même toute espece de remparts quelconques; comme il réprouve aussi toutes les dispositions et formes de cazemates qui ne sont pas les siennes, nous avons lieu de craindre, à ces signes d'égoïsme, et d'après la morosité de ses déclamations, que nous n'éprouvions beaucoup de peine à le ramener à des vues raisonnables. Il renonce pourtant enfin aux compositions *perpendiculaires;* il n'en conserve plus que le titre : c'est à présent l'*art défensif supérieur à l'offensif;* ce qui signifie proprement, *le foible au-dessus du fort*.. N'importe; malgré le vice radical de l'annonce, nous marcherons franchement au but de faire servir l'incohérence même aux progrès de la raison. Mais comme le temps nous presse, nous nous attacherons d'abord à tout ce qui peut intéresser la nation dans la crise du moment.

Je ne vois plus rien de trop dans l'idée des *places imprenables;* il faut qu'elles le soient aujourd'hui, et elles peuvent l'être, par le concours nécessaire de la force extérieure, avec l'énergique opiniâtreté des défenseurs, secondées par toutes les ressources de l'industrie conservatrice. Il faut donc que toute l'attention se dirige sur celles des places fortes qui doivent servir de pivot aux opérations des armées ; et lorsque l'ennemi entreprendra l'un de ces sieges, que l'élite de la France, accourant sur des positions prévues d'avance, se dispose à frapper des coups décisifs ; qu'elle saisisse l'ennemi sur le foible des circonvallations auxquelles il sera forcé ; que nos chefs de guerre apprennent à mettre en œuvre une supériorité numérique à laquelle nous serons toujours en état de fournir ; que nos troupes, au ralliement de la liberté, y ajoutent encore une supériorité morale infiniment au-dessus de celle du nombre. Les places fortes alors auront le mérite réel d'avoir donné le temps de préparer et d'assurer le succès de ces grandes irruptions nationales : voilà leurs principales propriétés ; et c'est ainsi qu'alors elles seront véritablement *imprenables.*

Mais imaginer d'oublier des garnisons isolées ; leur faire penser qu'elles sont abandonnées du monde entier ; endormir le peuple, et lui dire par le fait : *reposez-vous sur mes secrets ;* mépriser l'énergie nationale jusques à mettre l'invulnérabilité sur le compte de son intelligence ; compter pour rien les relations des forces mobiles extérieures, et supposer que dans ce cas il existe des moyens de rendre les places imprenables !... de pareilles idées ne peuvent être enfantées que par le charlatanisme, ou peut-être, de très bonne foi, par l'amour de ses propres systêmes ; mais il convient néanmoins d'en convaincre nos concitoyens.

Les rapports intimes qui doivent exister entre la durée de la résistance des places fortes et les opérationsextérieures des armées, paroissoient avoir été oubliés dans cette guerre; ils viennent enfin d'être sentis; les Français savent gagner des batailles; mais, il faut le dire, leur impétuosité leur fait négliger un plus grand art, celui de savoir les perdre, en conservant toute l'intégrité de l'opinion. Or, c'est principalement par l'entremise des places fortes que nous pourrons recouvrer un si grand avantage; par la raison que lorsque la fortune nous aura surpris une défaite, la résistance des places, ou seulement leur inertie, arrêteront d'abord tous les mauvais effets de l'impression du moment:..... il suffira d'ailleurs que cette résistance, quelle qu'en soit la durée, nous ait donné le temps de reconnoître *que* C'EST NOUS QUI SOMMES LES PLUS FORTS.

J'apperçois un obstacle qui pourroit retarder les effets du desir sincere que nous aurions de nous rapprocher d'un ennemi acharné; c'est que les places de Vauban, ainsi que celles de ses imitateurs, subsistent, et ces ouvrages, en qualité d'êtres physiques, sont exposés à subir les lois inévitables de la nature des choses: or, ces lois ont exprimé en caracteres de fer, *qu'il n'est rien, entre ce que des hommes peuvent édifier, que des hommes en plus grand nombre ne soient toujours en état de détruire*; c'est-à-dire, que le plus foible, malgré tous les efforts de l'industrie, succomberoit à la fin, sous l'empire du nombre et de la force, si rien ne le tiroit de l'état de foiblesse; si les chances de la fortune et des combats, et toutes celles qui peuvent sortir de l'effervescence d'un grand peuple, ne produisoient des changemens de scene qui ramenent enfin la victoire du côté qui réunit les doubles moyens de l'art et de la force; c'est-à-dire, des places fortes corroborées par des armées de secours: or, M^c. Montalembert veut résister à cette loi de la nature : il veut, par le fait, que la nation tranquille se repose aveuglément sur l'invulnérabilité qu'il annonce ; il veut que le foible, persistant dans sa foiblesse, soit au-dessus du fort, persistant dans sa force; et malheureusement les moyens qu'il propose n'existent qu'en peinture; en sorte que, nonobstant la plus palpable déraison, nous ne pouvons l'atteindre que par des raisonnemens qui, quoique très simples, paroîtront pénibles à une grande partie de nos lecteurs.

Si les ennemis de la France, que l'auteur a provoqué de toutes manieres pour leur faire adopter le systême de ses *places imprenables*, avoient donné dans le piege, (il faut avouer que nous avions ménagé Montalembert dans cette espérance) et que la fortune nous eût destiné à en faire l'attaque, la discussion auroit été promptement terminée : on auroit vu que de loin, sans cheminemens et presque sans travaux, sans perte d'hommes, sans jouir même de cette supériorité de moyens qui accompagnent ordinairement les attaquans, nous serions parvenus à les réduire en moins de 4 jours. Une pareille démonstration auroit été plus éloquente et plus sensible que les plus forts raisonnemens.

Si, après cela, on en avoit jugé comparativement avec les sieges des places ordinaires, on auroit vu du moins que celles-ci obligeoient les ennemis à des cheminemens progressifs très longs et plus ou moins meurtriers; on auroit vu que la durée des résistances pouvoit toujours être proportionnée au temps qu'exige la réunion des armées de secours; on auroit vu que ces secours pouvoient arriver avec une supériorité relative aux facultés inépuisables d'une grande nation; on auroit vu que les ennemis fatigués, dégoûtés, par des travaux pénibles, découragés, affoiblis par des pertes d'hommes immenses, auroient été forcés de lever ces sieges, en abandonnant peut-être leur artillerie, leurs munitions, et sur-tout en renonçant, sans retour, à leurs projets de démembremens.

Mais ce n'est pas là ce qui intéresse un auteur qui n'aspire qu'à la fortune de ses livres : il essaie donc de profiter de quelques revers momentanés pour décréditer des fortifications qu'une longue suite d'expérience a fait adopter généralement en Europe. Nous observerons d'abord (sans parler des causes ocultes qui ont pu se mêler à ces événemens) que les relations qui doivent s'établir entre la défense des places et les opérations des forces mobiles extérieures n'avoient pas été saisies dans leurs avantages, du moins jusqu'aux événemens récens de Dunkerque et de Maubeuge. On n'avoit pas senti que l'on pouvoit abandonner une assez grande étendue de frontieres à la seule garde des places fortes pendant un temps déterminé. Il est arrivé de là que nos armées morcelées ont été capables de beaucoup d'exploits particuliers sans doute ; mais que, par leur dispersion, elles ont toujours été hors d'état de frapper des coups importans et décisifs ; elles n'ont pas même été en mesure de résister à des ennemis qui avoient l'art d'opérer momentanément de grandes réunions. Ils ont entrepris des sieges à la vue de nos généraux ; et ceux-ci, craignant toujours de découvrir des places, ou quelques portions de frontieres (qui, certainement, n'avoient pas besoin d'appuis) les ont laissé faire, ne se croyant pas assez en force pour marcher à la délivrance des places assiégées.

Il faut observer aussi que ces corps d'armée multipliés, dispersés et trop indépendans les uns des autres, au lieu de protéger et de couvrir les places, les ont au contraire appauvries de leurs approvisionnemens, en sorte qu'elles se sont trouvées dépourvues au moment imprévu où l'on étoit forcé de les abandonner à elles-mêmes.

Il suffit d'ailleurs, à la cause générale des places fortes, que, nonobstant une foule de circonstances accidentelles, elles aient cependant arrêté les débordemens de la plus violente conjuration qui fut jamais ; il suffit seulement qu'elles aient pu donner toujours plus que le temps nécessaire d'accourir à leur secours ; et cela, malgré le délabrement foncier où l'ancien régime nous les a laissées ; car on seroit étonné de la modicité des fonds qu'une administration dévorante vouloit bien sacrifier à leur entretien ; et ce n'étoit pas encore sans les reprocher à ceux qui passoient leur vie à les solliciter.

De ces fautes commises dans les plans généraux de nos campagnes, lesquelles assurément sont très étrangeres à l'organisation particuliere des fortifications, l'auteur en trouve la cause dans le mépris de ses œuvres : ce qui est plus singulier, c'est que c'est au *bastionnement*, proprement dit, qu'il ose attribuer la reddition des places qui sont en ce moment au pouvoir de l'ennemi.

Comme ce bastionnement est adopté, à-peu-près dans toute l'étendue du globe, on voit que l'auteur entreprend ici le procès de tous les ingénieurs du monde.... N'importe ; lui seul peut avoir raison, et nous répondrons sérieusement à une assertion aussi extraordinaire.

Observons d'abord que dans aucuns de ces sieges, les attaquans n'ont osé tenter un passage de fossé, ni logemens sur les ouvrages, et bien moins encore ont-ils osé livrer des assauts ; que par conséquent les remparts et les bastions n'étant entrés en scene ni directement ni indirectement, une absurdité de la premiere classe seroit de supposer qu'ils eussent influé sur ces redditions. Il y a plus ; c'est qu'en ne jugeant même cette question que par l'intégrité des corps de place, on la décideroit en leur faveur, puisque les ennemis, respectant ces bases fondamentales, ont été forcés de se réduire à des approches pénibles, prises de loin, lentement progressives et plus ou moins meurtrieres, en raison de la vigueur et de la fréquence des sorties. Remarquez aussi que ces irruptions soudaines des défenseurs auroient pu s'exécuter à la faveur des retours assurés sous l'abris de ces mêmes remparts; et il faut répéter qu'ils étoient entiers à l'époque de ces redditions (1).

Jusques-là tout déposeroit en faveur des enceintes flanquées; car la timidité des attaquans, à franchir les fossés, ne peut être attribuée qu'à l'efficacité des flancs.

Après cela, on a vu des corps d'armée mal pourvus, vivre aux dépens de la dotation des

(1) Il faut excepter la place de Valenciennes, qui n'a qu'une vieille enceinte gothique aussi mal tracée qu'imparfaitement défilée, négligée d'ailleurs, depuis long-temps, ainsi que beaucoup d'autres, malgré les pressantes réclamations des ingénieurs. Les ministres de ce temps-là en étoient si fatigués, qu'ils écoutoient déja avec complaisance le projet de démolir toutes les places fortes . . . Je reviens à la place de Valenciennes dont la partie du point d'attaque étoit encore plus particulièrement défectueuse, en ce que l'ennemi pouvoit la découvrir de loin, ce qui a donné lieu à un commencement de breche dans les parties supérieures.

Il est remarquable que ce défaut capital des fortifications dont le corps de place peut se découvrir de loin, et donner lieu à des breches inquiétantes, est précisément ce que nous aurons à reprocher à l'auteur des Systêmes; mais on verra que ce n'est pas seulement chez lui un défaut partiel; c'est un vice fondamental, et qui porte sur la totalité de ses enceintes, lesquelles se présentent à nud jusques au pied, sans que rien puisse les dérober au sort inévitable d'être battues de loin, mises en breches *praticables*, n'ayant d'ailleurs aucunes masses couvrantes qui puissent favoriser l'enlèvement de leurs débris.

places et les appauvrir de leurs approvisionnemens ; on a vu quelques-unes de ces places forcées de capituler au dernier morceau de pain qui leur restoit ; on a vu d'autres places rendues avant même d'avoir été attaquées ; on a vu des citoyens intimidés par des insinuations perfides ; on a vu des armées affoiblies par la dispersion de leurs forces, oublier que leur principale destination étoit d'accourir à la délivrance des places assiégées..... et pendant le développement de ces fautes ou de ces accidens, les corps de place, toujours imposans et respectés, attendoient une main secourable, telle que celle qui vient de se déployer à Maubeuge. C'est là où les avantages de cette corroboration réciproque qui doit exister entre les places et les armées ont enfin été sentis ! On voit en effet, qu'après des revers, nos armées trouvent leur salut dans la nécessité où l'ennemi se trouve d'entreprendre des sieges et d'y perdre un temps fort long ; et ce temps, nous devons l'employer à la réunion de nos forces, à remonter les opinions, à reprendre l'attitude offensive, et par un juste retour accourir à la délivrance des places assiégées.

Observez au surplus, que les choses de ce genre ne valent jamais que ce qu'on les fait valoir ; les Français sont entrés dans Mayence presque sans coup férir, et ces mêmes Français à l'appui des mêmes remparts, ont contenu toutes les forces de l'Allemagne pendant plus de quatre mois. Et si dès le principe, nos armées avoient préparé les moyens de se maintenir dans une position d'observation intermédiaire, les ennemis tenus en échec n'auroient pas seulement osé entreprendre le siege de cette place. Si d'ailleurs, au lieu d'un secours tardivement essayé, une grande diversion avoit été concertée avec les armées du nord, elle auroit vraisemblablement opéré la délivrance attendue ; et le même accord en auroit peut-être dégagé d'autres.

Mais enfin, les systêmes de Montalembert ont-ils, plus que les méthodes admises, des moyens de favoriser ce jeu alternatif de secours et d'appuis mutuels ? C'est ce que nous examinerons à fond ; mais en attendant j'affirme qu'en six heures d'action, ils auroient été moins entiers que n'étoient nos corps de place à l'époque des redditions dont il s'agit. Il se pourroit que l'auteur n'auroit pas tout dit, et que ce qu'il appelle ses *compositions* renfermeroit des propriétés nutritives, ou qu'elles auroient la vertu d'appaiser les inquiétudes d'un peuple entraîné par des malveillans, ou quelqu'autre mystere ! . . . .

Que penseriez-vous, auteur inconsidéré, si, prenant un moment votre maniere de raisonner, nous avions l'insigne mauvaise foi de mettre l'expulsion des ennemis de devant Lille et Thionville sur le compte des bastions redoutables de ces deux places ? . . . . Direz-vous aussi que les bastions de Toulon aient occasionné la défection des habitans de cette ville ? et comment expliquerez-vous que de simples retranchemens de sable devant

Dunkerque aient été plus forts par la vertu des citoyens, que des chefs-d'œuvres de fortifications dont les obstacles réels auroient été applanis par le défaut de relations extérieures, ou par l'ignorance, ou par la faim, ou par la lâcheté, ou par le concours de ces causes réunies ?

Enfin, il ne faut pas oublier que toutes ces places, sans exception, pouvoient et devoient être sauvées par les armées de secours ; que par conséquent les événemens de cette guerre sont absolument étrangers à la question dont il s'agit....

Vous osez mettre la reddition des places sur le compte des dispositions de leurs remparts !... Vous savez pourtant que vos systêmes, fussent-ils admissibles, eussent exigé pour les exécuter, un temps et un nombre de milliards qui jamais n'auroient pu convenir aux circonstances où l'on se trouvoit. Vous savez d'ailleurs, que votre dernier systême, qui ne ressemble en rien à vos premieres fantaisies, ne pouvoit être admis avant d'être connu : vos déclamations, (rapportées à la crise actuelle) pour décréditer les places de Vauban, ne peuvent donc avoir aucune espece de rapport avec l'utilité publique : que dis-je ! ces déclamations seroient des crimes, si elles pouvoient altérer la confiance de ceux qui doivent les défendre, ou retarder la détermination de ceux qui doivent marcher à leur délivrance.

Que faudra-t-il donc penser de ces virulentes déclamations, lorsqu'on apprendra que si malheureusement toutes nos places avoient été déshabillées

billées à la maniere du détracteur de Vauban, elles auroient été forcées de prime abord, avant que les ennemis eussent pris la peine de déployer l'appareil de siege, et sans même qu'ils eussent été obligés d'avoir recours au développement des causes perfides ? C'est ce que nous allons porter au dernier degré d'évidence.

Nouveaux Systêmes.

On remarque d'abord, non sans étonnement, que ce *neuvieme et dernier volume* des œuvres de Montalembért, qui sembloit devoir donner le résumé quintessencié de tout ce qu'il avoit proposé de plus fort, ne présente qu'une nouvelle édition des mêmes chimeres, dont nous avions déja démontré l'incohérence et les dangers par rapport à la sûreté de l'état. Il y a pourtant addition d'injures, de personnalités, d'assertions absurdes et avec une abondance qui va jusqu'au dégoût ; mais à l'égard des variantes relatives aux nouvelles *compositions*, l'auteur foiblit sensiblement ; ce ne sont pas même des fortifications ; il ne s'agit plus que d'édifices légers, dépourvus de remparts, de flancs et de fossés ; ils s'élevent enrase campagne et se découvrent à nud jusques au pied ; ils sont composés de murailles de quatre pieds d'épaisseur au plus fort ; ce sont des masses creuses, friables et décharnées ; elles sont couvertes par une seule voûte supérieure ; mais l'intérieur de ces grandes cages est divisé en cinq et quelquefois en six étages que l'auteur appelle *cazemates*, lesquelles doivent renfermer une artillerie immense et qui passe tout ce que l'imagination peut concevoir de plus fort, trois mille canons, par exemple, pour une place d'une médiocre étendue (1).

Il faut remarquer que le principal et même le seul objet de l'invention consiste dans l'accumulation de ce grand nombre de canons ; l'excès en est porté à tel point, que l'auteur ne pense pas que toute l'Europe réunie soit en état de se présenter avec une artillerie supérieure à la sienne, ainsi qu'il convient ordinairement de l'avoir lorsqu'on veut jouer le rôle d'attaquant ; et en cela je trouve qu'il a toute raison. On observera seulement que pour garnir toutes les places de France, avec des lignes contiguës et permanentes, flanquées de deux mille quatre cents forts, suivant le desir le plus ardent de Montalembert, il faudroit se composer une artillerie de place de six cents quatre-vingt mille pieces de canon, lesquelles, seules, feroient un article de dépense d'environ *quatre milliards :* puis les dépenses des nouveaux

---

(1) La nouvelle enceinte proposée par l'auteur pour la place du Havre, présente dans son développement, en y comprenant les forts détachés et les fronts de la mer, 4448 embrasures, ce qui exigeroit, comme on le verra, un effectif d'environ quinze cents pieces de canon; et cela pour succomber à la premiere apparition d'un attaquant quelconque : nous aurons occasion de revenir à plusieurs égards sur les conséquences d'un appareil aussi extraordinaire.

édifices, destinés à contenir ce monstrueux appareil, s'éleveroient à une dépense encore plus forte; car il est sensible que pour loger des canons d'une maniere inexpugnable, il doit en coûter encore plus que pour les tirer de la fonderie.... N'importe, je veux accorder à l'auteur tout ce qu'il demande en nombre de canons et en galeries cazematées pour les contenir : nous y reviendrons ensuite. Mais nous ne devons rien négliger pour donner une idée précise de ce nouveau genre d'ouvrage, véritablement digne de curiosité....(1)

Observez que les compositions dont il s'agit forment des compartimens multipliés et assez compliqués; ce sont de hautes tours, des observatoires, des tourelles à formes élégantes, des voûtes en berceaux circulaires pénétrées par d'autres voûtes biaises, rampantes et légeres; on y voit des frontons, des bossages, des astragales, des escaliers à vis, des trouées, des abat-jour, des embrasures à coupes savantes, etc.

(1) On voudra bien excuser la rapidité de cet ouvrage, et ne pas se méprendre aux motifs qui l'ont dicté. Un artiste obligé, comme citoyen, de présenter promptement un contre-poison nécessaire, au milieu des courses et des occupations continuelles où son devoir l'engage, n'a pas eu le temps d'apprêter la vérité, ni de dérober sa franchise sous les dehors d'une aménité recherchée. . . . . L'auteur que j'attaque peut avoir des partisans; je suis loin de croire qu'il n'en mérite sous plusieurs rapports, et j'eusse été peut-être le sien à l'égard de ses systêmes, si la profession que j'exerce depuis nombre d'années ne m'eût mis à portée d'en apprécier la valeur.

Je crois que le Panthéon (aux sculptures près) n'a pas exigé plus d'assujettissement que n'en demanderoient les nouvelles compositions ; d'où l'on peut juger de l'obligation indispensable d'employer dans ce nouveau genre de construction, les riches appareils de pierre de taille. Cependant Montalembert ne donne l'estimation de ses édifices somptueux qu'en raison du cube des maçonneries brutes, comme on évalueroit celui des masses mâles et grossieres de nos remparts : il résulteroit de cette maniere d'estimer, que le Panthéon, ainsi réduit au cube, n'auroit pas coûté deux cents mille livres. Vos bastions, dit-il, par le fait, sont PLUS GROS *que mes galeries sveltes et dégagées, donc ils coûtent davantage....*

Des toisés comparatifs, ainsi proposés de cube à cube, ne doivent pas plus étonner de la part d'un ci-devant officier des chevaux-légers, que tout ce dont on va juger.

Mais, encore un coup, je passe sur des suppositions aussi volontairement erronées ; je reviens un moment à ce rapprochement singulier d'une forteresse avec une église ! .. Jetez les yeux sur les planches de l'auteur, vous n'en serez plus surpris ; vous y verrez des especes de temples, des monasteres guerriers assez bien modelés sur les pagodes indiennes ; elles sont quelquefois accompagnées de bas côtés ; elles sont flanquées, mais intérieurement, par des tourelles, lesquelles sont présidées par une haute tour centrale dont l'usage n'est pas indiqué dans le discours ; mais comme elle est crénelée pour la mousqueterie, dont les feux ne peuvent atteindre au dehors, il est aisé de juger que c'est un observatoire féodal assez convenable pour le maintien de la police intérieure ; et remarquez attentivement que ces forteresses ne sont couvertes de rien ; qu'elles sont dans le plus parfait état de nudité ; tellement qu'en pratiquant quatre ou cinq, ou six étages de planchers dans les collatéraux de nos collégiales, en masquant les fenêtres et en y substituant des embrasures multipliées, on prendroit une idée assez précise des dernieres compositions de Montalembert. Je ne sais même si les contre-forts, et une plus grande épaisseur dans les murailles, ne vaudroient pas aux églises une préférence méritée.

Voilà pour les petits forts détachés ; quant à ce qui concerne les grands forts, on y pourvoit par de bonnes métropoles ; celles-ci sont précédées par une enceinte étoilée d'un seul étage de cazemates, qui couvre le premier étage des embrasures du fort ; mais la nudité du tout n'est pas moins complette, attendu que l'enceinte étoilée est elle-même découverte, et par conséquent, ruinée d'entrée de jeu : les embrasures inférieures du fort, qui semblent être dérobées par le bas étage de l'étoile avancée, se trouveroient elles-mêmes encombrées en dehors et en dedans par l'écroulement inévitable des étages supérieurs ; et cela dès les premiers jours de l'attaque.

A l'égard des grandes places, des colonnes d'état,

ainsi que les villes de moindre étendue, l'auteur n'en est pas plus embarrassé ; il en rase toutes les fortifications, il en comble tous les fossés, il poursuit son principe et il entoure ces villes à rez-de-chaussée, par un grand édifice circulaire à sol découvert, mais composé de vastes galeries de cinq ou six étages de batteries, percées de deux à quatre, à six ou huit mille embrasures pour recevoir un pareil nombre de canons.

On voit que ce principe est simple, uniforme et applicable à toutes especes de terreins, commandés ou non ; il ne s'agira jamais que d'étendre ou de contracter les galeries canonnieres, suivant l'étendue qu'on se proposera d'enceindre.

Avant d'examiner par quels moyens on pourroit parvenir à renverser un appareil aussi formidable, arrêtons-nous un moment à considérer le champ vaste qui semble se découvrir à l'art forfortifiant. Remarquez en effet, que pouvant aisément convertir en galerie la plupart des enceintes gauloises de quelques-unes de nos villes de l'intérieur, on obtiendroit quelques degrés *d'imprenabilité* de plus que dans les nouvelles compositions ; l'attaquant y trouveroit au moins des especes de fossés plus ou moins difficiles à franchir...

Mais voici quelque chose de plus fort : c'est que le Louvre et ses grandes galeries, ainsi que le Palais-National peuvent déja composer dans les places de cet ordre, une forteresse de la premiere classe : celle-ci aura même des avantages particuliers, en raison d'une grande épaisseur dans ses murailles. Les parisiens croyoient n'avoir pour remparts que leur propre énergie; ils ne se doutoient pas qu'ils possédoient dans leur sein, plus que l'équivalent d'une place imprenable. Il y a plus; c'est que les Invalides, l'Ecole-Militaire, la Salpétriere, la Sorbonne, l'hôpital des fous, les Incurables etc. etc. formeront, quand on le voudra, autant de forteresses détachées, qui seront aussi également *imprenables;* il ne s'agira, pour les transformer, que de voûter d'un refend à l'autre, pratiquer des étages et multiplier des trous qu'on nommera *embrasures*... Et qu'on ne croie pas que l'apparente gaîté de ces descriptions nous ait conduit à les exagérer; on nous fera plutôt un tort, l'orsqu'on connoîtra bien le fond de cette question, de l'avoir traitée sérieusement. Il est aisé de juger que des pieces de canon du calibre de 16 ou seulement de 12, ne respecteroient pas du tout de pareilles fortifications et que des canons de 24 ou de 36, multipliant les éclats de leurs boulets à travers des murailles transpersées, y causeroient des ravages inexprimables; de là s'en suivroit, qu'en quelques heures d'action, ils y ouvriroient des breches à y passer des bataillons de front, et nos soldats citoyens ensevelis sous leurs décombres, ne seroient plus en état de les repousser; mais l'inventeur saura bien arrêter les effets de cette grosse artillerie attaquante, et c'est en ceci que consiste essentiellement le grand mérite de l'invention. Il a trouvé le secret important d'empêcher que cette artillerie attaquante ne puisse s'établir, et pour cela il se tient toujours prêt à lui opposer douze, quinze à vingt pieces de canon contre une.

Telle est l'idée exacte que l'on peut prendre de cette derniere édition des Systêmes, lesquels, pour l'observer en passant, ne ressemblent point aux premieres éditions perpendiculaires. Si au moins ces variantes ne présentoient que différens degrés dans les progrès d'une idée mere, on auroit lieu d'y applaudir : c'est dans cet esprit que nous faisons effort pour perfectionner, consolider des bases primitives, et pour tirer parti des choses existantes. Les variantes de l'auteur ne sont pas de ce genre ; il a été successivement perpendiculaire, puis angulaire ; il a paru sous des formes rondes, il est devenu plat, puis circulaire etc... mais il a pourtant été fidele à son principe cumulatif en artillerie. Avons-nous paru rebelles à cent canons, il nous en a opposé cinq cents sans hésiter ; puis mille, dix mille et ainsi de suite inépuisablement. Voyons ce qui va résulter de ces progrès multiplicateurs.

Attaque des nouveaux Systêmes.

L'imagination doit être frappée de ces galeries canonnieres, de ces édifices vomissant la foudre ; ils renferment une quantité de bouches à feu véritablement immense et qui n'est point du tout à dédaigner : c'est-à-dire que pour les confoudre et les renverser très promptement, il faudroit y apporter de l'attention. J'avouerai même que (supposant que les 680 mille bouches à feu fussent admissibles) cette disposition me paroîtroit très imposante ; et si l'inventeur pouvoit parvenir à donner à ses minces murailles, une consistance approchante de celle du fer coulé, je m'empresserois de lui céder la palme ; je le regarderois comme le dieu, ou plutôt comme le sorcier de la fortification : les galeries seroient alors vraiment inexpugnables, et il seroit très inutile dans ce cas d'y cumuler des canons par milliers. Mais, hélas ! il ne s'agit que de murailles foibles et inévitablement exposées à une prompte décomposition. L'auteur nous le dit lui-même dans ses critiques ; car il bat fort judicieusement un petit fort de Brest, à l'occasion de quelques portions de murailles *qui n'ont*, dit-il, *que quatre pieds d'épaisseur*, *et qui seront renversées dès les premieres volées de l'artillerie attaquante*... Cela est juste : mais vous avez donc compté que vos murailles (qui sont précisément de mêmes dimensions) changeroient de nature en entrant dans vos *compositions ?*... Cet effet magique ne pouvant avoir lieu, il arrivera que l'assiégeant, suivant l'obligation ordinaire des attaquans, n'aura nullement besoin de déployer une artillerie supérieure ; n'eût-il que 40 pieces de gros calibres, il attaquera la totalité des canons des galeries avec le succès le plus décidé. J'avois dit en 1790, *qu'un assiégeant qui auroit la sottise de se présenter à une attaque avec une piece de canon contre vingt, seroit renvoyé honteusement.* Mais il s'agissoit dans ce temps-là d'attaquer des formes de remparts : aujourd'hui que les progrès de l'inventeur marchent en sens contraire, et qu'il n'est plus question que de cages canonnieres, l'on pourra effectivement oser se présenter à une attaque, avec des proportions d'artillerie très inférieures ; cependant il faudroit y employer certaines précautions que nous allons indiquer. Il faut observer que nous avons affaire ici à une exhorbitante nouveauté, contre laquelle (si elle pouvoit s'effectuer) il deviendroit nécessaire d'employer de nouveaux procédés.

Les attaquans déroberont d'abord une premiere levée de terre en masse pleine, en s'approchant à la distance de cent quatre-vingt toises des galeries ; il conviendra de donner à cette espece de parallele environ deux cents toises de développement, afin de faire diverger les grands feux de l'assiégé sur une plus grande étendue : les quarante pieces destinées à l'attaque y seront espacées en conséquence : on arrivera à cette parallele-batterie par la droite et par la gauche, au moyen de deux longues communications plus ou moins effacées pour être complettement couvertes et défilées ; ces communications seront défensives dans l'objet de repousser les sorties si l'ennemi osoit en essayer à cette distance ; mais ce n'est pas l'intention de l'auteur qui ne peut et ne veut employer que du canon. Le grand épaulement aura vingt pieds d'épaisseur au sommet ; on n'y ouvrira point des embrasures qui pourroit l'affoiblir. L'immense artillerie supposée dans les galeries restera décidément impuissante contre cette massive préparation. Il ne s'agira plus que de donner de la découverte à nos bouches à feu. . . . Il faudroit bien user de quelques précautions contre l'énorme nouveauté ; l'auteur voudra donc bien nous permettre d'employer un moyen simple, pour nous soustraire à la monstrueuse supposition que nous avons bien voulu lui passer.

En conséquence nos pieces seront disposées sur un affût susceptible d'exhaussement, tellement qu'en un tour de main, les pieces se trouveront élevées à pouvoir tirer à barbette contre les murailles des galeries : le coup parti, le recul même de la piece, en la rabattant de vingt-deux pouces, la fera rentrer incontinent sous l'abri de l'épaulement, dont la masse restera toujours intacte (1).

Dans cette situation, les canonniers attaquans pourroient rire, comme vous dites fort bien, *du bruit impuissant* de vos six cents canons ; mais la partie ne sera point égale, attendu que vos murailles de quatre pieds d'épaisseur seront pulvérisées, et

---

(1) Les systèmes les plus bizarres ont cela d'excellent, qu'ils peuvent quelquefois donner lieu à des idées heureuses ; il y auroit beaucoup à gagner pour la conservation des hommes, si par le moyen de cet exhaussement momentané, très facile à exécuter, on pouvoit perdre l'habitude de ces mortelles embrasures à vastes entonnoirs, qui nous ont coûté et qui nous coûtent encore un nombre infini d'excellens canonniers.

mises en breche ; vos cazemates seront bientôt à découvert ; chacun de nos boulets en vaudra vingt par les éclats mortels qu'il va produire sur vos pierrailles décomposées ; les pieds droits intérieurs seront entamés ; les voûtes qu'ils supportent s'écrouleront ; la chûte des décombres enfoncera tous les planchers de vos étages ; vos embrasures inférieures seront encombrées en dehors et en dedans ; les pieds droits des voûtes n'étant que de foibles piles, et non pas des culées, il arrivera que la chûte d'une voûte seulement entraînera la voisine, et ainsi de suite de l'une à l'autre, jusques à la radiation totale de vos débiles compositions. Votre immense artillerie sera bientôt ensevelie avec les malheureux défenseurs, sous des tas énormes de décombres..... Le problême sera résolu ; et les attaquans, toujours à l'abri sous une masse indestructible, n'auront pas perdu un seul homme. Ils auront évité la lenteur désespérante des cheminemens meurtriers : dispensés de ces approches, ils seront délivrés de l'arme infiniment redoutable des contre-mines : établis à grande distance, ils auront toute facilité de repousser les sorties ; en cinq jours d'action de la part de nos quarante pieces seulement, et avec la très petite industrie de leur exhaussement momentané, on demandera, avec surprise, ce qui a pu donner lieu à l'idée extraordinaire d'un *art défensif supérieur à l'offensif*.... Que dis-je? votre titre est juste ; votre art défensif est réellement supérieur, et même de beaucoup, en nombre de canons ; mais c'est pour être confondu par le plus foible attaquant. Avant vous l'assiégeant avoit besoin d'être le plus fort ; après vous il pourra se présenter foible, et il vaincra. Avant vous, il falloit que l'attaquant déployât, dans tous les genres, une grande supériorité de moyens; il falloit que, de plus, il se déterminât à sacrifier des hommes, des dépenses immenses, et un temps fort long; après vous un général ennemi pourra dépasser vos places sans inquiétude; il les fera réduire très promptement, et sans perte, par de petits détachemens à peine supérieurs à vos garnisons, et avec une artillerie inférieure, dont la proportion pourroit être même en sens contraire; car elle étoit au moins de six contre un; mais, grace à vous, l'attaquant pourra se présenter *un contre six*... et c'est vous qui avez trouvé tout cela!

Si du moins Montalembert, suivant ce qui paroissoit de ses premieres compositions, n'avoit appliqué ses grandes canonnieres qu'à la défense des rades, contre les feux multipliés des vaisseaux, nous aurions pu nous rapprocher; nous aurions représenté seulement, qu'au lieu de ruiner l'état avec des cages étagées de sept à huit cents pieces de canon, il suffisoit, dans ce cas, d'en opposer trente parfaitement couvertes, et avec tous moyens préparés pour tirer à boulets rouges; que même il n'en faudroit pas tant, pour faire déguerpir toutes les escadres du monde.

Si, d'ailleurs, le même auteur, tenant un peu à ses premiers systêmes pour les places de guerre, avoit au moins laissé subsister quelques apparences de fossés, s'il avoit dérobé ses cazemates par quelques couvre-faces, afin d'en réserver les feux pour le moment utile, où, ayant forcé l'attaquant de s'approcher, il déploieroit sur lui une artillerie fraîche et conservée, nous aurions pu nous concilier; mais non; il ne veut rien qui puisse rappeler des précautions de prudence aussi essentielle; il veut décidément rester à découvert; il veut que l'attaquant, sans se compromettre, puisse l'écraser de loin; il veut donc que les défenseurs se laissent dévorer, sans mouvement, sans sorties, sans action défensive, et qu'enfin ils soient forcés de se rendre sans coup férir.

Cependant Montalembert répondra; il esquivera soigneusement le principal de la question; il évitera sur-tout la solution militaire, celle qui intéresse la patrie, mais il remplira des volumes de controverse sur des dimensions de quelques pouces qui n'intéressent que son amour-propre. Il va s'agiter étrangement, par exemple, sur l'exhaussement momentané de nos affûts : ce moyen très simple lui fournira de la matiere pour le reste de la vie...... Ce qu'il pourra faire de mieux sera de nous pousser à perfectionner cette invention, qui nous conservera bien des hommes. Au surplus, comme ce pourroit être matiere à dispute, en attendant l'épreuve authentique que nous proposerons, nous attaquerons les galeries par un autre procédé, dont les effets évidens n'exigent point d'épreuves.

Le premier appareil de l'attaque sera le même qui est indiqué ci-dessus; il sera donc dérobé à la faveur de la nuit, et achevé sans aucune perte d'hommes (1) ; mais l'épaulement massif de la batterie ne sera plus considéré ici que comme une butte masquante de sept à huit pieds de hauteur, ou davantage, en raison des commandemens locaux. Cela fait, les attaquans éleveront en arriere, parallèlement à la butte couvrante et sur la même longueur, un épaulement de batterie : les quarante pieces attaquantes y seront espacées à trente pieds les unes des autres. La partie des embrasures sera formée en masse de charpente de cinq pieds d'épaisseur, composée de pieces de bois jointives, qui même auront pu être préparées d'avance. Les embrasures y seront réduites au plus étroit, et ne donneront de prise que dans le petit espace nécessaire pour passer la bouche des canons. On voit jusques-là que le travail sera préparé et achevé en tenant tous les travailleurs parfaitement à couvert. Tout étant prêt, on fera écréter pendant la nuit la

(1) On ne compte pas ici les accidens d'un grand feu jeté au hasard pendant la nuit ; ils seroient d'autant plus rares que les assiégés, trompés, comme on le verra, par plusieurs fausses attaques, ne pourroient deviner le point du travail réel, que lorsqu'il ne seroit plus temps. C'est encore ici un des miracles des nouvelles inventions ; car toutes les parties de ces galeries seroient absolument indifférentes pour les attaquans : comme tout seroit également foible, ils seroient délivrés de l'embarras de reconnoître le plus foible ; et remarquez que ce seroit au grand désavantage de la défense, dont l'une des ressources consiste dans la faculté de tromper l'assiégeant à cet égard, et de le ramener quelquefois à attaquer le taureau par les cornes.

butte couvrante, de maniere à ce que les pieces de la batterie, qui est en arriere, puissent découvrir seulement l'étage supérieur des cazemates des galeries : cet écrêtement n'aura lieu que par des especes de coulisses, ou passes, qui seront dirigées sur les points convenus des galeries, et qui donneront à chacune de nos pieces la premiere découverte de l'étage supérieur.

Dès la pointe du jour les feux de l'attaque appuieront sur ce seul étage qu'elles découvrent et qui peut les découvrir; elles auront sur lui tout avantage : observez en effet, que par cette disposition, les attaquans seront déja débarrassés des cinq sixiemes de votre artillerie dispersée dans les étages inférieurs ; ainsi, en supposant que vos fronts, en toute hauteur, pussent présenter six cents canons, nous n'en n'aurions plus à combattre que cent. Ce n'est pas tout ; c'est que tous vos coups exigeront une double précision; car il faudra d'abord que vous enfiliez les passes de la butte masquante, et vous en êtes à cent quatrevingt toises; nous qui n'en sommes qu'à dix toises, nous ne les manquerons jamais. Par ce moyen, nous serons encore débarrassés des deux grands tiers au moins de l'artillerie de votre étage supérieur, dont les boulets viendront se perdre inutilement dans la butte avancée. Nous n'aurons donc plus à faire qu'à environ trente-trois pieces qui auront pu enfiler les passes de la butte. Nous voilà déja supérieurs à la partie active de l'artillerie des défenseurs ; mais ce n'est pas tout encore; sur dix de vos boulets, qui auront

heureusement

heureusement enfilés les passes de la butte, un seul peut-être atteindra nos embrasures étroites ; tous les autres porteront sur des masses qui en annulleront les effets. Quelle différence dans l'artillerie attaquante, dont tous les coups, sans exception, porteront à la décomposition de vos *compositions!*

De tout cet immense appareil, nous n'aurons donc véritablement à craindre que les coups portans de deux ou trois pieces, et nous en avons quarante en toute valeur. Je répete que nous agissons sur des murailles friables ; nous y portons les éclats multiplians, la ruine et l'épouvante, tandis que vous ne porteriez chez nous, que le sentiment de la pitié pour les malheureux défenseurs que vous auriez séduit.

On jugera que ce premier étage seroit bientôt anéanti ; et c'est l'étage par excellence des compositions, parce que c'est celui qui correspond à la voûte unique qui couvre le tout. On insisteroit donc sur la partie supérieure, pour faire que le croulement des voûtes écrâsât tous les planchers.

Après cela, les attaquans feroient baisser les passes de la butte, pour attaquer et détruire successivement les étages inférieurs ; lesquels, d'ailleurs, seroient déja encombrés par la chûte des voûtes de l'étage supérieur.

Pourquoi donc l'auteur ne s'en est-il pas tenu au rôle de critique détracteur ? Nous avions déja reconnu, en 1790, que les ingénieurs n'étoient certainement pas infaillibles : l'aliment ne lui auroit jamais manqué sur les choses faites ; et, à l'égard des choses à faire, on verra bientôt que ses leçons n'auroient pas été tout-à-fait infructueuses; malheureusement il a voulu créer et recréer, et voyez où cela l'a conduit!

Je sais bien que l'auteur va s'indisposer contre nos précautions conservatrices; il nous en fera honte; il va triompher des soins attentifs que nous venons d'indiquer pour soustraire nos gens à l'immense canonnerie qui compose toute sa doctrine fortifiante...... je conviens qu'il est affligeant, qu'après avoir systématisé à cet égard, jusques à l'impossible, de voir tant d'efforts anéantis par de très petits moyens : c'est bien ici qu'il va renouveler ce beau mouvement d'éloquence qu'il exprime page 45. *Cachez-vous donc messieurs les maîtres de l'art, tandis que* NOUS PAROÎTRONS TOUJOURS TOUT A DÉCOUVERT, *comme un fier athlete se montroit dans l'arêne contre un pygmée...*

C'est tout-à-fait digne des bons temps de la chevalerie; on remarque seulement que pour celui qui prétend au rôle d'artiste conservateur, les convenances sont mal observées dans ce passage : on sait d'ailleurs, que par état, les ingénieurs marchent long-temps à découvert, pour obtenir le résultat intéressant de couvrir et de conserver des hommes.

Croira-t-on que malgré ces vices radicaux qui se manifestent au principal des questions dont il s'agit, nous ne désespérons cependant pas encore, de parvenir au but extraordinaire d'une réconciliation? c'est-à-dire, que nous chercherons et nous trouverons peut-être des moyens de tirer quelque parti utile des compositions, toutes bizarres qu'elles paroissent et qu'elles soient effectivement. Mais, pour cela, il faut qu'on veuille bien me permettre de les passer au creuset pour opérer le départ des scories.

Attaques simulées.

Il seroit superflu de nous appesantir sur des estimations comparatives évidemment et prodigieusement erronées ; on a vu d'ailleurs que c'étoit aux véritables intérêts de l'état qu'il convenoit d'aspirer, et non pas à des économies de perdition qui ne sont encore que supposées. Il suffit de rappeller que les systèmes nécessiteroient la présence réelle de six cents quatre-vingt mille canons de place, dont la dépense seule s'éleveroit à plus de quatre *milliards* ; et l'on sent assez, sans qu'il soit besoin de détailler des estimations, que pour loger tous ces canons, fût-ce même très à l'étroit, il en coûteroit encore davantage.

Il suit de là que, comptant l'énergie nationale pour rien, et mettant toutes les espérances de salut sur le compte d'une enfilade de galeries élevées *tout à découvert*, il faudroit vendre trois fois la république pour fournir aux moyens de la défendre, et puis de la livrer.

L'auteur contestera sans doute l'existence effective de ce monstrueux assemblage de canons; il soutiendra qu'il n'en faudroit pas tant; il me supposera le tort d'atténuer le nombre des canons dans l'action, et de l'avoir augmenté dans l'estimation; car il a cette singuliere prétention de fournir un feu simultané de six cents pieces de canon, et de n'en n'avoir pourtant à l'effectif qu'une quantité très inférieure... Nous observerons, à cet égard, que, faisant le relevé de toutes les embrasures des places de France, supposant qu'elles pussent être transformées d'après les nouvelles compositions, nous avons trouvé que la seule ville du Havre exigeroit quatre mille quatre cents quarante-huit embrasures : l'octogone de l'auteur n'en présente que deux mille cinq cents vingt-huit... Les plus petits forts, n'ayant que vingt toises de rayon, ne présentent pas moins de cinq cents douze embrasures; et l'on se rappellera que les *lignes contigues et permanentes* devroient être flanquées au moins par deux mille quatre cents forts. En cumulant donc toutes les embrasures de ce gigantesque assemblage, nous avons trouvé un total d'*un million neuf cents soixante et dix mille embrasures...* et pourtant nous n'avons compté à l'effectif des canons que le tiers environ du nombre des embrasures. On a dû en user ainsi avec loyauté, tant pour faire valoir le *maximum* des moyens de l'inventeur, que pour n'en pas outrer l'extravagance.

Je remarque en effet, que pour saisir l'esprit de cette défensive, les assiégés seroient forcés de se tenir également prêts, et même le boute-feu à la main, dans toutes les parties de leurs enceintes canonnieres; et voici pourquoi : si, dans une place de médiocre étendue, l'octogone, par exemple, dont les galeries présentent deux mille cinq cents vingt-huit embrasures, on se réduisoit seulement à cinq ou six cents canons effectifs, pour les disposer dans la partie désignée comme le point d'attaque, alors il est sensible que toutes les autres parties de la place resteroient absolument dépourvues; en sorte que si l'assiégeant, employant un peu d'adresse, s'avisoit de simuler une attaque par une levée de terre quelconque, l'assiégé se presseroit de porter de ce côté-là toute son industrie; c'est-à-dire (dans l'esprit de l'inventeur) tout ce qu'il auroit de canons. Dans ce cas, l'attaquant pourroit être obligé de se dissimuler d'abord; mais il ne manqueroit pas de former d'autres attaques fausses, en plusieurs parties, au moyen de quelques levées de terre dérobées à la faveur de la nuit. Il arriveroit de là, que l'assiégé ne sauroit bientôt plus de quel côté il devroit porter son *maximum* défensif; il arriveroit même que les attaquans pourroient faire transporter quelques pieces de canon pendant la nuit, sur les fausses attaques, vis-à-vis les parties de la place qui auroient été entièrement dégarnies; (ce qui n'exigeroit par conséquent aucune espece d appareil) et là, pendant une action de quelques heures, ils porteroient le ravage et l'épouvante dans les murailles creuses; ils y feroient même des commencemens de breche, avant que les défenseurs aient eu le temps d'y ramener du canon... Ils y parviendroient pourtant, et dès-lors nos gens disparoîtroient; mais on peut se représenter la confusion de ces momens, où, se croyant attaqués de toutes parts, les défenseurs ne pourroient encore deviner où ils le seroient réellement; ils seroient désolés, fatigués, harassés, d'avoir à porter et à reporter continuellement toute leur artillerie, tantôt sur un point, et tantôt sur un autre, et du troisieme au cinquieme, et du quatrieme au sixieme étage: tous ces faux transports seroient nécessairement fort longs; et pendant ce temps-là, les canonnades nocturnes des fausses attaques, quoique partielles et passageres, ne laisseroient pas de cribler les murailles de quatre pieds d'épaisseur. Chaque nuit on pourroit répéter des scenes semblables; mais sans préjudice des travaux de l'attaque réelle, suivant les préparations indiquées ci-dessus, pour arriver à l'objet décisif de consolider le grand épaulement massif, contre lequel tous les canons des galeries (les supposat-on même réunis) resteroient impuissans.

J'ai voulu prouver que n'ayant pour tout moyen fortifiant qu'une frêle gallerie embrasurée, et n'ayant pour toute force active qu'un très grand nombre de canons, il ne vous étoit pas permis de dégarnir aucunes parties de vos places; que même vous étiez forcé de vous tenir toujours prêt et en supériorité canonniere sur tous vos points; il est évident, en effet, qu'avec de si foibles murailles, vous n'auriez pas un instant à perdre; car si l'attaquant vous saisissoit sur quelques parties dégarnies, il ne lui faudroit pas trois heures pour saccager vos embrasures, au point de vous interdire absolument la faculté d'y ramener du canon; et une fois que vous auriez perdu la mesure de l'action de feu, il ne vous seroit plus possible de la reprendre.

Par conséquent, si l'une de vos places comportoit, je suppose, six mille embrasures, vous seriez obligé d'avoir au moins un tiers en effectif de bouches à feu. Or, ce tiers seulement demanderoit, comme on a vu pour la totalité de la république, la quantité de six cents quatre-vingt mille canons, lesquels, avec tous les accessoires qu'entraîneroient les établissemens d'un appareil insensé, conduiroient, il faut le répéter, à une dépense de plus de neuf milliards. Il est bien vrai qu'en définitive, cela ne vous sauveroit de rien, que toutes vos richesses en artillerie n'en tomberoient pas moins en quatre ou cinq jours au pouvoir de l'attaquant; n'importe, je ne voulois pas affoiblir votre cause, en altérant les seuls moyens de force que vous croyez avoir (1).

---

(1) Il faut craindre toujours les généralités exclusives : il est des circonstances où l'immensité de l'artillerie présente, dans la défense, des avantages sensibles, ne fût-elle même qu'au dixieme de ce que demande l'auteur, pourvu toutefois qu'elle soit employée, non derriere de frêles galeries creuses, mais sur de bons remparts terrassés, ou sous des cazemates *traditores* voyant sans être vues. Nous serions loin alors d'en mépriser les effets : ils seroient vraiment redoutables.

Ce cas pourroit arriver, s'il s'agissoit de l'attaque d'un grand port de marine militaire, où l'artillerie des vaisseaux, ordinairement immense, seroit employée à la défense. Dans ce cas, il faudroit décidément en revenir à donner aux attaquans une supériorité réelle et effective en nombre de ca-

Nous avançons vers le terme qui peut nous conduire peut-être à tirer de tout ceci quelques vues d'utilité, mais il faut encore éclaircir quelques propositions.

Sur le bastionnement.

Il n'y a qu'un cri dans tous les ouvrages de Montalembert contre les dispositions bastionnées; mais avec des déclamations tellement démesurées, que si ses critiques renfermoient de temps à autre quelques lueurs judicieuses, la passion qui les inspire leur feroit perdre tous les bons résultats qui pourroient en sortir... J'aime les improbateurs, fussent-ils injustes et même aveugles; ce sont des argus qui nous avertissent et nous obligent à nous tenir en garde : mais il n'y a pas de ressource avec ceux qui, n'étant occupés que de vues toutes personnelles, affectent de ne rien entendre, ne répondent jamais à rien, et qui, cent fois battus, épient froidement le moment opportun de ressaisir encore, pour quelques momens, l'opinion qui leur échappe.

Nous avions démontré rigoureusement en 1790, que le tracé bastionné n'étoit point un système, que ce n'étoit qu'une disposition obligée par la nécessité de sauver des angles morts; c'est-à dire, d'éclairer et de défendre tellement toutes les parties d'une enceinte, que l'attaquant ne puisse y

---

nons; ou bien il faudroit que les circonstances locales permissent de se refuser à ce genre de supériorité des défenseurs par l'adresse des dispositions de l'attaque.

trouver aucun abri, duquel, sans se compromettre, il auroit la facilité d'attacher le mineur, ou de dresser des échelles pour l'escalade. Ce tracé a été mesuré d'ailleurs d'après la portée des armes qui sont en usage; cela est clair, simple et dégagé de toute espece de mysteres. Eh bien! Montalembert, qui, sans doute, au fond de son ame, respecte les motifs de cette disposition, n'a pas seulement essayé d'y répondre; mais cela ne l'empêche pas de proscrire indistinctement tous les bastions, et de se déchaîner contre ceux même qui ne les ont adoptés qu'avec des modifications raisonnées, pour les adapter aux circonstanses locales. Il est remarquable que cette proscription avoit d'abord pour objet, de substituer aux bastions des formes *perdendiculaires et angulaires*, dont les vices capitaux ont été mis en évidence. L'auteur s'est donc retourné, tenant toujours néanmoins à la même proscription des bastions; mais il la fonde aujourd'hui sur des galeries à canon, et cela pour ébranler fortement l'esprit public, par l'opinion vulgaire de l'*ultima ratio regum* : l'auteur doit sentir à présent que les raisons nationales ont bien aussi leur mérite.

Il est vrai cependant que ce principe inévitable du bastionnement a été quelquefois servilement appliqué dans les petits poligones; dans le quarré, par exemple, et lorsque l'espace n'en permettoit pas le développement; d'où il est arrivé que le reculement des flancs, absorbant l'espace intérieur, a [illegible] les proportions qui doivent exister entre les masses conservatrices et l'espace occupé par les établissemens à conserver.

Il est certain aussi que le tracé bastionné ne peut convenir, lorsque les positions, déja fortifiées par la nature, ne comportent qu'une clôture quelconque ou un simple acte de présence. Nous avouerons, sans difficulté, que ce même principe n'a pas été heureusement employé pendant l'enfance de l'art, et dans quelques autres circonstances, où, ayant mal prévu les destinées futures des villes faites ou à faire, on en a vu les dispositions étrangement altérées par divers accroissemens successifs.

En fortifiant telle place, d'après l'état de situation où l'on se trouvoit dans un temps, il a dû s'en suivre, dans une époque postérieure, des étranglemens et des obstructions, auxquelles on n'a pu remédier qu'en altérant les proportions de leurs remparts. Ailleurs, pour des considérations particulieres, des rivalités civiles et militaires, ou même pour des raisons d'utilité très réelles, mais étrangeres à la guerre, qui, jamais, n'intéresse personne en temps de paix; ailleurs, dis-je, on a vu raccourcir des flancs, alonger des fronts, applatir, mutiler des dispositions entieres; remarquez au surplus que tous ces inconvéniens ne sont nullement particuliers au tracé bastionné, et que toutes especes de systêmes eussent été inévitablement exposées aux mêmes irrégularités. Enfin il ne faut pas non plus mettre trop d'importance à des proportions dont l'observation rigoureuse n'entraîneroit pas seulement à des puérilités, mais à de véritables balourdises ; tel flanc dans une partie, où l'on ne peut craindre une attaque réguliere, n'exigera peut-être que le placement de deux pieces d'artillerie, et tel autre en demandera vingt, si, par des mesures industrieusement préparées, l'on peut s'assurer d'y ramener l'attaquant.

Ce sont pourtant sur de pareilles variations que notre aristarque se déchaîne, soit qu'il n'en n'ait pas connu les motifs, soit qu'il ait affecté de les méconnoître. Mais, encore un coup, il ne s'agit pas ici de dissimuler des fautes anciennes ou des erreurs nouvelles. Nous dirons franchement que quelques anciens ingénieurs se sont montrés trop scrupuleux observateurs d'un principe, excellent au fond, mais qui devoit être modifié en raison d'une multitude de variétés locales : que le bastionnement régulier est rarement applicable sur des sols baignés par la mer ; que cette disposition ne convient en général que pour les poligones de quelque étendue, et avec la grande liberté de disposer de son terrain : que si l'on est resserré d'une part, par des établissemens nécessaires, et de l'autre, par des escarpemens ou par des eaux ou par d'autres obstacles, un ingénieur doit savoir se les approprier, et qu'il ne doit jamais oublier que la nature est souvent plus forte que son art.

Ces modifications sont tellement impérieuses et nécessaires, que des ingénieurs n'ayant de prétentions que celles du bien, mais qui d'après les motifs déduits se sont montrés décidément partisans dispositions bastionnées, n'ont pourtant pas trouvé l'occasion de proposer un seul bastion dans toute l'étendue des frontieres de l'est, dont il furent chargés de dresser un plan général de défense en 1790...... Il faut dire aussi que ce plan de défense, supposant des mesures de prompte exécution, ne comportoit guère le développement des tracés bastionnés. Il y avoit cependant nombre d'objets sur lesquels il falloit statuer pour l'avenir (1); mais les rapports fortuits qui se sont rencontrés entre les positions à occuper, et la qualité des obstacles locaux, sur des frontieres hérissées de montagnes, ont naturellement éloigné les formes régulieres. Ce qui paroîtra plus extraordinaire, c'est qu'ayant eu plus d'une fois l'intention de masquer des passages déterminés, il leur est arrivé de proposer des especes de *maisons fortes*, dont en vérité nous laisserions volontiers à Montalembert le plaisir de revendiquer l'invention, pourvu seulement qu'il voulût bien sentir la différence de l'application... L'ennemi est forcé de défiler péniblement, et sans alternative de choix, par des passages très étroits : la qualité des chemins est telle, qu'il ne peut se présenter qu'avec du canon de quatre ou de huit... Il suffit alors de lui opposer les forts calibres de seize ou de vingt-quatre, qui, l'atteignant de plus loin, l'obligent de

---

(1) Des neutralités vraies ou présumées, des projets d'offensive et des invasions exécutés effectivement dans la suite, par les Français, ont fait que l'administration de la guerre a négligé la plupart des mesures qui avoient eté proposées à cette époque.

rester à une distance respectueuse, d'où les foibles calibres ne peuvent rien.

Il est évident que, dans ce cas, une plate-forme solidement établie sur un édifice voûté, et capable de résister aux petits calibres, fournissant des logemens commodes et sains, étoit la véritable fortification de convenance. Je citerois vingt autres exemples, qui demandoient vingt autres nuances dans la qualité des mesures à employer : mais la plus éssentielle, comme aussi la plus ordinaire (dès que l'ennemi pourroit aborder avec du cânon de gros calibre), c'est de garantir l'établissement par des couvre-faces; non-seulement pour le préserver d'une ruine totale, mais afin d'en réserver les feux pour le moment utile où l'attaquant se présenteroit avec l'intention d'enlever l'ouvrage.

C'est à l'observation de ces convenances, dont il nous est impossible de caractériser ici toutes les différences, qu'on reconnoît le grand artiste militaire; c'est là que Vauban s'est montré si digne de sa gloire : lui seul, peut-être, fut doué du talent rare de résister à la prétention de vouloir maîtriser la nature; il sut obéir aux caprices des localités les plus accidentées; il ne connut jamais cette misérable propension qui ramene l'égoïste à généraliser ses conceptions, dans celui de tous les arts, qui, peut-être, exige le plus d'exceptions. Suivez l'esprit de l'auteur à système entiché de sa manie, il faut que tout en subisse l'empreinte; aussi, ne sera-t-il pas plus embarrassé de fortifier les Dardanelles ou les sept montagnes de Rome, que l'enceinte de son parterre : qu'on lui fournisse seulement un titre avec un espace quelconque, entouré de plaines ou de côteaux, de foudrieres, ou de montagnes escarpées, de mers, de lacs, de rivieres ou de marais, il n'hésitera pas un instant ; il ne prendra pas seulement la peine d'une inspection locale : il nous présentera d'abord, dans un nombre de planches *parfaitemens gravées*, des galeries nues et embrasurées pour cinq ou sixmille canons, etc...

Ce n'est pas que nous ne reconnoissions combien il seroit précieux de pouvoir rapporter tout à l'idée simple, à l'unité de vues et de principes : mais il faut observer que, dans le genre dont il s'agit, l'unité de principes consiste précisément dans l'observation d'une foule de modifications imposées par les variations locales. L'uniformité, sans doute, est très précieuse ; et même j'en reclame les droits pour battre uniformément un adversaire uniforme. Enfin, il faut en revenir toujours au point décisif, que nous n'abandonnerons jamais ; à la solution militaire : et l'on voudra bien ne pas oublier que, sans cheminemens, sans perte d'hommes, et avec une artillerie très inférieure, il ne faudroit pas cinq jours d'une action de feu préparée en toute sécurité, pour réduire de force ces uniformes compositions.

Il est remarquable au surplus que ce que nous venons d'articuler sans partialité sur les inconvéniens que les circonstances locales peuvent apporter dans l'application des dispositions bastionnées, est plus fort que tous les déchaînemens de la passion, qui décelent le dépit d'un adversaire cent fois vaincu.

Observez encore qu'il n'y a qu'un moment que Montalembert nous proposoit un système dit *perpendiculaire*, qui ne présentoit que des festons angulaires, variés et plus ou moins enrichis à chacun des neuf gros volumes, à mesure qu'ils paroissoient: ils avoient l'inconvénient majeur de présenter des angles morts à chaque rentrant, et, de plus encore, celui d'appeler tous les ricochets, sans qu'aucunes parties du ciel ouvert de ces enceintés en fussent exemptes : ainsi donc, ne considérant un moment la ligne bastionnée que comme un genre de feston, celui-ci possede au moins (avec l'avantage de tout découvrir) une courtine qui, par sa position, reste toujours intacte contre l'arme redoutable des ricochets.

Sous ce point de vue seulement, les festons bastionnés, réglés et calculés sur la portée de nos armes, mériteroient toute préférence sur les combinaisons linéaires inépuisables, que les graphomanes ont toute liberté de multiplier arbitrairement et à l'infini.

Cette fécondité est telle, qu'on a vu des moines, abbés ou professeurs, battus et rebattus sur cent systêmes de fortification aussi ridicules qu'absurdes, en présenter cent autres sans la moindre difficulté. Montalembert lui-même, après beaucoup de variantes sur les mêmes objets, vient enfin de sacrifier les dentelles *perpendiculaire* : il en abandonne l'étalage; il en cede même les planches à ceux qu'il juge propres à les faire valoir; et, en les passant ainsi de main en main, elles ne tarderont pas à s'évanouir Il ne nous propose plus en effet que des galeries régulièrement nues, mais circulaires, elliptiques, ou hyperboliques, etc, dans lesquelles on ne voit plus rien de *perpendiculaire.*

Comment se fait-il donc qu'il conserve encore ce titre *perpendiculaire?* Il est permis de penser qu'à cet égard il n'a voulu que se soustraire à l'espece d'impression que d'aussi étranges variantes pourroient faire naître dans l'esprit public.

Nous ne nous arrêterons ni aux tourelles ni aux observatoires ni aux ailes de pigeons ni à une foule de rêveries indignes des gens de guerre. Les grands projets, proposés par l'inventeur pour plusieurs de nos places, mériteroient plus d'attention; mais ils exigeroient autant de discussions particulieres, auxquelles nous reviendrions en temps et lieux, s'il étoit nécessaire. Un vétéran auroit à se reprocher d'y avoir sacrifié un reste de forces qu'il peut employer plus utilement. Il suffit de rappeler que l'auteur qui a quelques fois raison par les intentions qu'il annonce, est toujours à côté des moyens; et il ne faut pas s'en étonner, puisqu'il rentre invariablement dans l'idée d'enceindre toutes les villes et positions par des galeries canonnieres; idée qui croule, comme on l'a vu, par une attaque simple, exécutée avec des moyens très inférieurs; idée qui croule, d'ailleurs, par les milliards de fer, de cuivre et d'argent qu'elle exigeroit, et sur-tout par l'impossibilité de lier une aussi grande conjuration de l'ignorance.... et quand on y parviendroit, comment servir cette monstreuse artillerie? car, dans l'état de guerre ordinaire, il n'y auroit pas moins

de

auroit pas moins de quatre canons par individu militant; et, dans le plus grand état de crise, chaque soldat auroit, outre son fusil, son gros canon à manœuvrer.

Nous nous arrêterons encore moins aux compositions proposées par l'auteur, pour bonifier des places d'Espagne et de Hollande, ou autres ennemis de la France. Je ne puis, à cet égard, que répéter la citation :

Dî meli ... piis, erroremque hostibus illum...

On voit que l'auteur embrasse de son cabinet toutes les parties du globe qu'il n'a jamais vues; et il y propose des moyens de détail!..... Il faut convenir aussi que ses *compositions* sont toujours indépendantes des circonstances locales; elles vont à tout : semblables à ces panacées universelles dont l'empyrisme ne cesse d'empoisonner les élémens des sciences.

Vous retrouverez par-tout en effet, des temples circulaires farcis d'artillerie, et la constance la plus décidément prononcée pour rester à nu, sans fossés, ni flancs, ni forme quelconque de remparts.

Voilà le résumé des systêmes : disons un mot des moyens employés par l'auteur pour les faire adopter.

LES INJURES, LES PERSONNALITÉS, ect...

C'est la partie la mieux traitée; c'est aussi la plus féconde dans tous les ouvrages de Montalembert. L'auteur dit des choses excellentes sur l'esprit des corps; et sérieusement nous ne pouvons qu'y applaudir ; les généralités ne lui manquent pas ; il est moins heureux dans les applications ; nous regrettons seulement que de tant de diatribles virulentes, il n'en soit pas sorti une seule proposition (en exceptant celles que nous avons pu arracher en opposition) dont la chose publique puisse retirer quelqu'avantage. L'auteur avoit dit en 1790, *que le fils d'un arpenteur, sortant des mains de son maître de mathématique, en savoit plus en fortification, qu'aucun des officiers du génie.... que l'ignorance, les prétentions, l'entêtement, etc.* (Ce n'étoit pas tout-à-fait ce qu'en pensoit l'Europe militaire.)... Tout cela n'est rien, il enchérit encore aujourd'hui : pour ne pas perdre un temps que l'on peut employer plus utilement, nous ne nous y arrêterons que relativement à quelques objets qui peuvent servir à la constitution ultérieure de cette branche militaire. Montalembert suppose que le corps des ingénieurs *s'est élevé au plus haut degré de faveur et de crédit, qu'il absorbe tous les grades et toutes les récompenses...* Il paroît que tous ces avantages n'existent que dans une tête offusquée : comment se fait-il, en effet, que malgré tant de faveurs, une grande partie des officiers de ce corps l'aient abandonné, pour pouvoir participer, dans d'autres services, aux avantages d'un avancement moins retardé ? Il est assez simple d'imaginer qu'un grand nombre d'ingénieurs aient été attirés dans la carriere de l'état-major des armées ; mais tous les jours encore on leur voit préférer le service de simple aide-de-camp, et cela pour raison d'une stagnation très difficile à surmonter dans le génie : de ces dégouts il s'en est suivi un tel appauvrissement, que les restans ne peuvent plus fournir aux travaux des places qui en ont souffert sensiblement ; bien moins encore ont-ils pu suffire aux fonctions importantes qu'ils auroient à remplir dans les armées. Les généraux ne cessent d'en demander de toutes parts, et l'on ne peut en destiner quelques-uns pour les opérations les plus urgentes, qu'il n'en résulte ralentisssement, et même abandon total de plusieurs autres parties non moins essentielles, quoique moins pressantes ; et ce déficit a produit des conséquences, qui, plus d'une fois, ont porté au détriment de plusieurs entreprises qui pouvoient être décisives.

Cependant Montalembert veut *que l'on supprime le corps du génie ;* il affirme tranchément *qu'il ne sert à rien du tout ;* et pour renforcer cette judicieuse proposition, il affirme encore, et puis affirme *l'inutilité absolue.* On pourroit s'étonner qu'un ancien officier général ne parut pas se douter des rapports d'utilité de ce service, si l'on ne savoit, que par la nature de celui qu'il a suivi, il ne pouvoit être à portée de connoître les détails des opérations militaires. Avec plus d'expérience, d'instruction, ou de bonne foi, il auroit sans doute reconnu, que les travaux des retranchemens, l'établissement des postes, la sureté des quartiers, les positions à reconoître et à renforcer, étoient des objets de nécessité journaliere; que dans les dernieres guerres, notamment dans les campagnes d'Allemagne, où les ingénieurs avoient une consistance plus forte et plus nombreuse, il purent faire sortir, pour ainsi dire de dessous terre, un nombre de places et de points de sureté, par l'entremise desquels nos armées se maintinrent pendant sept années consécutives; et cela malgré des batailles perdues, des rever et des fautes de tous genres; que ces contrées ne furent même évacuées par nous, à la paix, que librement et volontairement; et que sans ces points de sureté, nos armées auroient été plus d'une fois exposées à des rétrogradations de deux cent lieues, et avec tous les désastres qui s'en seroient suivis. Il est sensible d'ailleurs qu'en dépouillant la guerre de toutes les ressources qu'elle peut tirer de l'art fortifiant, elle ne seroit plus qu'un horrible jeu de dévastations successives, continuelles et réciproques, à la maniere des Tartares sans patrie.

Nous ne parlerons pas des sieges de la guerre de Flandre où les ingénieurs épargnoient le sang des soldats en prodigant le leur. Montalembert le sait, mais il n'en persiste que plus vivement dans son projet de supprimer tous les ingénieurs; *attendu*, dit-il, *que depuis plus de quarante ans on n'a pas fait un seul siege, et qu'à l'avenir on n'en fera pas davantage*... L'erreur est un peu trop forte pour n'être pas volontaire! qu'importe la vérité des faits, pourvu que les assertions conduisent aux conséquences où l'on veut atteindre : savoir, *point d'assiégeurs, point d'artistes défenseurs, point de retrancheurs dans les armées, point de fortificateurs, ... point d'ingénieurs* (1).

Il est intéressant de voir que celui qui nous propose des systêmes qu'il dit être savans, et qui d'ailleurs, prétend y mettre un tel degré d'importance que toute la science militaire doive s'y concentrer exclusivement, veuille pourtant que l'on supprime *entièrement* ceux qui pourroient exercer cette sience; mais l'auteur a ses raisons, et l'on sera bientôt en état de les apprécier.

Remarquez que ce n'est pas du tout l'utilité du service des armées qui intéresse Montalembert : que lui importe que tous les jours il faille fortifier,

(1) Depuis l'époque où il plaît à l'auteur de supposer *qu'on n'a pas fait un seul siege*, on se rappelle seulement les sieges de *Wezel*, *Cassel* 2; *Ziegenhaim* 2, *Belle-isle*, *Schwednitz* 2, *Dielenbourg*, *Marbourg* 3, *Mepen*, *Harbourg*, *Munster* 3, *Yorck*, *Savana*, *Charlestoun*, *Valdek*, *Chartzfeld*, *Quebek*, *Ponticheri* 2, *Madras*, *Trinkmal*, *Mahon* 2, *Gibraltar*, *Almeda*, *Anvers*, *Breda*, *Maestrick*, *Clundert*, *Gertruidemberg*, *Willemstatd*, *Namur* et autres, dont les ingénieurs françois ont dirigé ou partagé les travaux, sans parler encore des sieges dèrnierement entrepris par la coalition des démembreurs, et de ceux qu'il faudra faire pour en achever l'expulsion. L'auteur ne s'est donc trompé que d'environ 50 sieges; toutes ses assertions sont marquées au même coin; jugez de la précision des conséquences!

retrancher, attaquer ou défendre, dès que ceux qui en sont chargés peuvent nuire aux petites vues ambitieuses qu'il se propose? C'est leur existence qui lui pese. Il est sur-tout offusqué qu'ils aient participé à des grades obtenus après cinquante années de services militaires : c'est qu'il suppose que ces grades pourroient s'opposer à une certaine suprématie méditée depuis longues années. Mais il n est point au niveau des circonstances ; il ne sait pas qu'à l'avenir il n'y aura plus de grades fixes ; que les fonctions militaires se borneront à celles qui exigent le sacrifice de sa vie ; que le citoyen qui les exercera portera les marques du grade dans lequel il sera employé ; que le besoin de ce service, venant à cesser, il déposera des signes devenus inutiles : il ne sait pas que le tribunal de la raison, éclairé par l'expérience et l'instruction, fera bientôt disparoitre les fausses enseignes de la capacité.... Ces formes républicaines conviendront-elles à Marc Montalembert? Je ne sais, mais il seroit difficile de les concilier avec la volonté qu'il annonce de présider despotiquement et inamoviblement sur l'étalage des galleries qu'il nous propose. Il insiste donc pour que toutes especes de fonctions du génie soient anéanties ; que s'il en reste dans les sieges et dans les armées (et selon lui on ne verra plus de siege et les galleries tiendront lieu d'armée), elles soient attribuées aux officiers d'artillerie. On avoit bien proposé la réunion de ces deux corps; mais ce n'est pas ainsi que l'auteur prétend faire disparoitre le génie ;

c'est à l'individu qu'il en veut, et il s'explique positivement sur la supression absolue des ingénieurs. Il consent bien que les officiers d'artillerie se fassent tuer en fonctions du génie dans les attaques, ainsi que dans les défenses; mais il ne veut pas qu'ils meurent en qualité d'ingénieurs : et tout cela, dans l'espoir de trouver plus de complaisance dans l'artillerie pour supporter les fantaisies arbitraires d'un *directeur général des galeries à canons....* Cela ne prendra pas : l'instruction de l'artillerie a fait des progrès sensibles; on a remarqué même que dans ces derniers temps, elle embrassoit quelques parties du service du génie; et les temps sont arrivés où l'instruction arrêtera toute ambition qui ne sera pas celle du bien public.

C'est avec le même esprit que l'auteur arrive enfin au projet d'attribuer toutes les constructions militaires aux ingénieurs des ponts et chaussées, dans l'espérance que n'étant nullement exercés dans les opérations guerrieres, ils se prêteroient à devenir ses manœuvres, et qu'ils se réduiroient au rôle obscur d'être les aveugles exécuteurs de ses systêmes.

Cette attribution, si elle avoit lieu, ne seroit point exclusive; attendu que le besoin se fait sentir plus que jamais, de porter l'industrie des constructions conservatrices, jusques sous le feu de l'ennemi. Mais quoi qu'il en arrive, je déclare à notre réformateur qu'il ne gagneroit rien au change; que le corps des ponts et chaussées est un de ceux qui réunit le plus de lumieres, et que si quelques-uns des membres qui le composent, pouvoient être un moment séduits, comme l'ont été tant d'autres, par des promesses éblouissantes, Montalembert au moindre examen, rentreroit à la place qui lui convient.

Conciliation.

Après avoir éclairé le fond des questions, nous pourrons nous livrer enfin à l'incomparable jouissance, non-seulement de passer par-dessus toutes les injures, mais encore de tirer des loisirs d'un amateur inconciliable, quelques vues d'utilité. Nous n'oublierons pas d'abord que c'est à son génie cumulateur de canon, que nous sommes redevables de l'idée de l'exhaussement momentané des pieces de canon de siege, pour éviter les pertes d'hommes occasionnées par des embrasures assujettissantes, autant qu'elles affoiblissent les épaulemens des batteries : ce n'est pas, je l'espere, que jamais il devienne nécessaire d'en faire usage contre des galeries canonnieres; mais, en général, tous moyens simples, par lesquels, en conservant des hommes précieux, l'on préservera nos pieces du danger d'etre démontées, méritent l'attention des gens de l'art (1).

(1) Les soins conservateurs paroîtront, à quelques-uns, intéresser beaucoup moins dans une cause pour laquelle tous les Français méprisent la vie; cependant comme le calcul des pertes d'hommes a toujours plus ou moins de part aux succès des événemens, les vétérans qui en ont l'expérience seroient répréhensibles s'ils abusoient de ce dévouement.

C'est encore à ce même génie multiplicateur qu'on sera redevable de l'industrieux moyen (à nous communiqué par un bon ingénieur) qui, par l'entremise d'une butte, à dix toises en avant de la batterie attaquante, permettra de n'avoir à faire d'abord qu'à une très petite partie des canons des galeries, de refuser le reste, d'y revenir ensuite successivement, et de les ruiner en détail : cette idée trouvera son application dans quelques circonstances ; graces en soient rendues à la monstrueuse supposition d'un systême qui exigeroit six cents quatre-vingt mille canons. A l'égard des galeries, toutes canonnieres, vous voyez bien qu'elles ne valent rien du tout, et que dans l'état de nudité absolu où vous nous les présentés, et cela sans exception, sans modifications quelconques, et pour toutes les circonstances imaginables, elles ne sont point admissibles.

Ces galeries cependant peuvent fournir des établissemens militaires à l'abri de la bombe et de l'incendie ; des logemens sûrs et sains; des magasins où les approvisionnemens de toutes especes pourront être préservés :... avec ces propriétés pacifiques, n'y auroit-il pas quelques moyens de les militairiser, pour ainsi dire, en les rendant capables de contribuer à la défense ?... Cela n'est pas impossible :... un préliminaire indispensable sera

---

Si l'ennemi est abordable, c'est alors qu'il est souvent utile de ne plus calculer ; mais dans les sieges où l'on en est séparé par des obstacles qu'on ne peut surmonter que pied à pied, l'économie des hommes y est de premier intérêt.

d'abord de les dérober aux batteries attaquantes, pour les garantir contre les effets inévitables de la plus prompte destruction.

Mais comment couvrir des édifices de cinquante à soixante pieds d'élévation ?... c'est en les réduisant, au lieu de cinq ou six grands étages, à trois seulement, en y comprenant le rez-de-chaussée et la plate-forme ; ce qui pourroit être compris dans une hauteur de vingt-deux pieds (1).

Après ce rasement des excroissances superflues, il deviendra facile de couvrir les parties surbaissées de ces édifices par des remparts terrassés à grands reliefs ; et ne croyez pas que l'invincible obligation de conserver des établissemens militaires, par des masses capables de résister aux effets du canon, soit une affaire de système ! c'est une disposition forcée, et à laquelle il vous est impossible de vous soustraire. Nous exigerons donc impérieusement l'admission de ces grands corps couvrans ; mais nous serons faciles et concilians sur le figuré du tracé qu'on voudra leur donner.

Vous permettrez seulement que dans l'étendue des fossés qui précedent nécessairement un rempart si nécessaire, l'attaquant ne puisse trouver des angles morts, c'est-à-dire, aucuns points de sécurité, où, sans être découvert, il pourroit préparer,

(1) Très peu de nos climats comportent la construction, ou plutôt la durée de ces plate-formes ; mais rien n'empêchera de les couvrir à l'ordinaire : ces greniers pourront être d'une utilité journaliere, sauf, ensuite, à en démonter les combles au moment du besoin.

tout à son aise, différentes mesures pour enlever de vive force. En conséquence, il faudra bien y admettre des flancs, et ils seront espacés relativement à la portée de nos armes ; ce qui (qu'on le veuille ou qu'on ne le veuille pas) emportera de force un tracé bastionné.

Cependant, nous rejetterons l'usage des flancs dans toutes les circonstances où, en nous appropriant les obstacles locaux accidentels, nous pourrons obtenir, contre l'attaquant, des moyens d'inaccessibilité. Nous n'admettrons point non plus l'usage des flancs à ciel ouvert, dans les poligones tellement circonscrits, qu'ils absorberoient l'espace destiné aux établissemens. Mais, dans ce dernier cas, nous ne laisserons pas d'exiger un flanquement effectif, qui, en toutes occasions, sera toujours de premiere nécessité ; et ne pouvant l'obtenir ici à ciel ouvert, on y suppléera avantageusement par des cazemates à feu de revers, adossées aux saillans des contrescarpes : les défenseurs y communiqueroient souterrainement depuis l'intérieur de la clôture formée par les édifices devenus défensifs.

Ces cazemates à revers jouiront de plusieurs propriétés que le hasard, à force de varier et de retourner vos compositions, auroit dû vous faire rencontrer : c'est de voir sans être vu ; de n'être jamais en prise à l'artillerie attaquante, et de conserver l'intégrité de leurs feux pour balayer les fossés dans toute leur étendue, par la vertu du canon à mitraille ; vertu d'autant plus active dans ce cas, qu'elle s'exerceroit depuis des points de sureté, qui, par leur position, ne pourroient être entammés; et que d'ailleurs elle agiroit ici avec un avantage indisputable, au moment décisif où l'attaquant essayeroit de franchir l'obstacle du fossé.

Les mêmes cazemates formeroient aussi des especes de places d'armes pour les mineurs, qui, débouchant de là, et prevenant toujours les assiégeans, arrêteroient les progrès de leurs approches.

On voit que, par ce moyen, l'assaillant seroit arrêté de force, et qu'il ne pourroit parvenir que, préalablement, il ne se fût rendu maître de cette place d'arme souterraine; non-seulement parce qu'il lui seroit impossible de franchir le fossé, sous l'intégrité de ses feux, mais encore parce qu'elle assureroit à nos mineurs la possession toujours libre de l'origine des feux souterrains. Or, comme cette piece enterrée, seroit couverte et dérobée de toutes parts, l'attaquant seroit forcé de procéder à sa réduction par la lente successibilité de ses mines; il n'auroit pas d'autres moyens; et c'est là précisément tout ce que les défenseurs doivent desirer; parla raison, que tous ce tems, employé à la dispute des mineurs, est, pour les assiégés, un temps de sécurité; aulieu que pour les attaquans c'est celui des terreurs; celui où frémissant sur des logemens incertains, ils sont exposés aux bourasques des sorties qui les saisissent à chaque explosion des fournaux.

Ajoutons que dès l'instant que cette querelle souterraine seroit établie, l'attaquant seroit enchaîné par la nécessité de subir toutes les lenteurs et les pertes que lui feroit éprouver un jeu terrible, où les assiégés auroient l'avantage d'être préparés de longue main par une disposition permanente.

Cette défense, à revers, seroit tellement puissante sur les fossés, que les remparts couvre-faces pourroient n'être qu'en terre seulement; mais à grand relief, pour donner une valeur réelle aux casernes défensives, dont les feux conservés et réservés, pour agir surement et au moment utile, arrêteroient l'assaillant sur le rempart couvre-face, et lui rendroient très difficile l'opération de s'y établir.

On jugera bien d'ailleurs que l'assiégeant ne parviendroit à ce terme que par la longueur et la successibilité des travaux meurtriers des plus longs sieges : trois parelleles immenses avec leurs mortelles communications; batteries construites, à reconstruire et à rapprocher encore; obligation de se rendre maître du dessous par les travaux interminables des mines; logemens de chemin couvert; batteries en breches, renversées à plusieurs reprises, par l'effet des contre-mines; désastres occasionnés par les irruptions des sorties; dispositions à renouveller en entier; descentes et passages du fossé; assauts repoussés et renouvellés; logemens sur les breches ,.... et le tout pour venir enfin se heurter contre des casernes défensives, dont les feux réservés seroient entiers.

Voilà des obstacles réels et véritablement redoutables! et remarquez pourtant que ce sont précisément tous ces moyens de perdition que vous épargneriez aux attaquans en vous restraignant à la nudité de vos galeries, qui, se laissant ouvrir et battre de loin, les dispenseroient de ces mortelles approches.

L'idée de tirer un double avantage des édifices militaires, en les faisant servir à la défense, n'est pas nouvelle : il y a déja quelque temps qu'elle reçut son application, dans le projet d'une place pentagonale, dont l'espace intérieur devoit être réservé en entier pour des établissemens nécessaires. Ce ménagement de l'espace exigeoit que l'on fit le sacrifice des flancs à ciel ouvert ; mais on y suppléoit par des cazemates à feu de revers...

Vous plairoit-il d'accepter la propriété de ces places, à cazernes défensives?... Nous exigerons seulement que ces cazernes, bien voûtées à l'épreuve, conservent un grand corridor destiné à l'action militaire, et que d'ailleurs elles soient disposées à la grande commodité et sureté des logemens des troupes : ceux des galeries ne sont nullement préparés à servir sous ces rapports, ni sous aucuns autres. Nous demanderons ensuite que ces édifices soient complettement couverts et dérobés, sous des remparts à grands reliefs, lesquels soient flanqués d'une maniere quelconque. Enfin, en vous disposant encore à quelques autres sacrifices, il me semble que vous pourriez vous croire asssez heureux d'échapper à l'espece de blâme qu'auroit encouru celui qui, quoique très innocemment, a proposé par le fait de priver la France des grands boulevards qui doivent assurer son indépendance.

Voici donc ce que nous souhaiterions : outre la radiation des deux tiers de vos étages, abandonnez, croyez-moi, vos doublures festonnées, qui ne doublent rien; puisqu'en couvrant un étage, elles en présentent un autre à la destruction, et l'étage couvert se trouveroit encombré d'ailleurs. Supprimez vos petites tourelles intérieures, dont les escaliers tortillés ne peuvent que gêner la circulation des individus, ainsi que les transports de l'artillerie et autres armes... Qu'il ne soit plus question de vos hautes tours centrales : nous avons tâché d'en deviner l'usage; mais, quel qu'il soit, rien ne les préserveroit d'un croulement certain dès les premieres volées de l'artillerie attaquante : et des décombres et des éclats, dans aucuns cas, ne peuvent être d'aucune utilité.

Après cela, nous vous inviterons à supporter l'existence des remparts conservateurs, à souffrir que toutes les parties en soient éclairées, ou par des feux de flancs, ou au moins par des cazemates à revers, ou par les uns et les autres en même temps.

Enfin il est nécessaire que vous abandonniez les *trente-trois trente-quatrieme* de vos *six cents quatre-vingt mille* canons de place. Je conçois que c'est ici le sacrifice qui vous coûtera le plus, et c'est pourtant le plus facile, car il est fait d'avance, et vous seriez arrêté par une impossibilité morale, qui, dans ce cas, équivaut aux obstacles physiques les plus invincibles. Ne voyez-vous pas que le déploiement de toute la puissance française, n'a pas encore fourni au complément de l'artillerie de campagne seulement! De plus grands efforts n'ont pas même completé le nombre des fusils nécessaires; et, ce qui est bien remarquable, c'est que vous demandez plus de canons de gros calibres qu'il ne faudroit de fusils pour armer tous les individus militans de la France militaire.

Vous voyez donc enfin qu'il ne vous est plus possible de vous défendre; composons : aussi bien, quand vous ne le voudriez pas, vous y seriez forcé. Permettez donc que l'action nationale, que vous persistez à compter pour rien, trouve, sous le puissant abris de nos remparts, des corroboratifs qui en reposent les saillies et qui en renouvellent l'énergie : sortez de la classe des endormeurs, et ne soyez pas l'éteignoir des vertus françaises dans les puissantes irruptions des sorties et des retours offensifs. Approuvez que l'industrie fortifiante tende à donner de la vie à l'inertie même des masses défensives... Que vous en coûtera-t-il d'ailleurs, de substituer le possible à l'impossible absolu, en nous accordant l'usage de ces petits canons qu'on appelle fusils? Les grands corridors des cazernes défensives en seront garnis, avec d'autant plus d'avantage, que n'ayant à tirer que sur les couvre-faces, des armes de plus grandes portées y seroient superflues. Ces mêmes corridors renfermeroient cependant des pieces de gros calibres, lesquelles étant parfaitement conservées et tirant à brûle-pourpoint,

point, s'opposeroient long-temps à l'établissement des logemens de l'attaquant sur les remparts couvre-face. Je ne fixe pas le nombre de ces pieces; le plus sera le mieux : observez seulement que dans ce cas, vous pourrez tout réunir sur les fronts attaqués, par la raison que les travaux progressifs de l'assiégeant, le forcent ici de rester attaché à ses derrieres; et sa position irrévocable, autant qu'elle est pénible, ne lui permet nullement l'usage de ces attaques simulées, sur lesquelles vous nous avez donné si beau jeu.

Il suivra de là de plus grands avantages; c'est que, selon les intentions du fondateur Vauban, tous les accroissemens de force et de sécurité seront adaptés aux remparts actuellement existans, à mesure que les circonstances permettront de les exécuter; et cela sans préjudicier aux propriétés mères dont ils jouissent. Ainsi donc, les fortifications reconnues bonnes, seront employées dans toute leur valeur, et seront de plus renforcées de tous les perfectionnemens ultérieurs. Celles même dont les défauts sont plus ou moins sensibles, seront encore mises à profit; elles conserveront leur utilité primitive, celle de couvrir : c'est sous leur abris qu'on pourra disposer des cazernes casematées et défensives : ou si l'on veut *des galeries*, avec cette différence que celles-cy seront basses, dérobées, fusilieres et seulement accessoires; au lieu que selon l'auteur, les galeries affoiblies par un dépouillement complet, forment le tout et le principal des systémes. Mais si ces édifices servant d'établissemens commodes, sûrs et sains, sont militairisés par des remparts, ils doubleront peut-être la résistance de nos places. Alors non seulement nous y applaudirons, mais nous en provoquerons l'exécution de toutes nos forces.

Voilà le seul moyen de tirer quelque parti de l'idée de vos galeries : si ce plan de conciliation vous convient, j'en serai charmé ; mais si vous persistez dans le dessein de laisser écraser nos défenseurs, sous les débris de vos baraques canonnieres, dans ce cas, plus d'accord, et vous pouvez penser que, quelque soit mon existence dans la république, elle sera toujours active dans une question d'un si grand intérêt.

Nous connoissons tout ce que des renoncemens généreux coûtent à l'amour-propre de ceux qui s'en sont constamment nourris : partant, nous avons peu d'espoir dans nos projets de conciliation. Mais aussi nous sommes sous le regne de la raison ; et nous ne verrons pas approuver les nouvelles chimeres qu'on vient d'exposer au grand jour. Il fut un temps où le *crédit*, *les titres* et l'intrigue, fermant toutes les avenues du sens commun, trompoient aisément l'insouciance des hommes en place, par les fausses lueurs d'une annonce très imposante : on auroit peut-être approuvé l'exécution d'un de ces chef-d'œuvres ; car c'est ainsi qu'on approuva l'exécution *provisionelle* d'un fort de bois à l'isle d'Aix ; provision qui ne seroit que ridicule, si elle n'avoit coûté à l'état au-delà d'un million, et s'il ne devoit en coûter encore autant pour la renouveller ; ce qui sera nécessaire à-peu-près tous les 25 ans : tandis qu'avec le quart de cette dépense une fois faite, en disposant une batterie simple et parfaitement couverte, avec un appareil préparé pour exécuter vingt pieces à boulets rouges, on se seroit assuré de faire déguerpir toutes les escadres de l'univers; et l'on auroit obtenu d'une maniere permanente, un moyen de défense infiniment plus rassurant, pour le présent et pour l'avenir.

Les temps sont changés : cela n'arrivera plus ; d'ailleurs, parmi les disciples séduits par un compositeur adroit autant qu'infatigable, il existe, n'en doutons pas, des hommes judicieux et capables d'entendre raison ; car ils ne sont pas aveuglés ceux-là, par l'esprit exclusif des systêmes : si donc il pouvoit être question d'une épreuve quelconque, ils arrêteroient l'inventeur sur le bord du précipice, où l'exécution le feroit tomber infailliblement. Saisissant l'esprit de ces observations, ils s'empresseroient de lui dire : *Diminuez des deux tiers la hauteur démesurée de vos galeries ; couvrez-les par des remparts capables de résistance; tâchez de les flanquer d'une maniere quelconque ; faites au moins que les attaquans soient forcés de cheminer avec perte d'hommes et de temps : à l'égard de cette balourdise des 680 mille canons, nous dirons que vous entendiez parler des canons de fusils. Enfin il n'est pas que parmi toutes les variantes de vos livres, on ne puisse trouver de quoi justifier bien ou mal ces nouveaux changemens. Par ces moyens vous pourrez encore prétendre aux honneurs de l'invention.....*

Si tel étoit encore le résultat de tant d'efforts et de manœuvres, nous n'oublierions pas alors que ce seroit à ces bons disciples qu'on seroit redevable de nous avoir sauvé des monstruosités aussi dangereuses.

Qu'on ne croye pas au surplus, que par ces projets de conciliations nous cherchions à capituler avec les principes de Vauban ; il n'y sera point attouché : on sait assez que posant des bases susceptibles d'accroissemens, il laissa le champ libre à tous les progrès ultérieurs. Il s'agit ici de multiplier intérieurement des établissemens de sureté, de conserver des hommes, de garantir les approvisionnemens, les munitions, et de tirer encore parti de ces moyens, pour obtenir de nouvelles ressources dans la défense, sans préjudicier à toutes celles qui existent ; or, divers écrits de cet excellent et laborieux citoyen, déposent que toujours occupé des bases fondamentales, et arrêté d'ailleurs, sur les dépenses, par le regne des superfluités magnifiques, il ne put exécuter ces accessoires que partiellement : il en auroit donc adopté les mesures ; elles auroient été plus fortement assorties de sa main, je le crois : Eh ! que n'eût-il pas fait sous un régime, où tous les intérêts vont se concentrer pour opérer le bien public ?

FIN.

280

www.ingramcontent.com/pod-product-compliance
Ingram Content Group UK Ltd.
Pitfield, Milton Keynes, MK11 3LW, UK
UKHW020952180726
13838UKWH00003B/1276